# Le papillon
## Gracieux baladin

Texte de Valérie TRACQUI
Photos de Patrick LORNE

## Mini Patte

**MILAN** jeunesse

Collection dirigée par Valérie Tracqui

Avec ses taches rouges sur la queue, qui ressemblent à des yeux, on dirait que le machaon a 2 têtes. Cela trompe l'ennemi !

6

*Il doit se méfier des araignées
et des oiseaux, amateurs de papillons.*

# Besoin de soleil

Au printemps, la prairie se couvre de fleurs parfumées. Ça sent bon ! Encore tout engourdi, un papillon étale ses ailes au soleil. Il a encore trop froid pour voler. Soudain, sur une fleur proche, il aperçoit une araignée. Elle a tendu son piège de soie et attend, complètement immobile. Le papillon n'ira pas par là...

# Insecte fragile

Comme tous les insectes, le papillon a 6 pattes et un corps divisé en 3 parties. Ses ailes, à la fois solides et souples, sont recouvertes de milliers d'écailles. De près, on voit son corps tout poilu. Avec ses gros yeux, il repère les couleurs et, avec ses antennes et ses pattes, il touche les fleurs, à la recherche de sucre.

Les 4 ailes du papillon sont comme des feuilles d'arbres : les nervures servent d'armature.

8

Cette grosse boule sombre, c'est l'œil du papillon, constitué de milliers de facettes. Et ce tube noir, enroulé comme de la réglisse, c'est sa trompe.

Le papillon s'accroche avec ses pattes griffues.

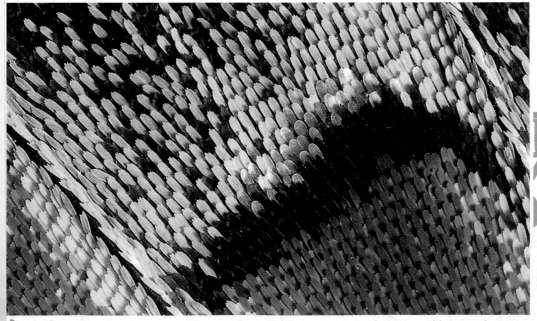

Sur l'aile du papillon, il y a de minuscules écailles colorées, disposées comme les tuiles d'un toit.

# Quelle trompe !

Mmm... Cette fleur jaune semble bien sucrée. Avec sa trompe, le papillon aspire le nectar. Il se nourrit ainsi pendant plusieurs jours. Puis le voilà plein d'énergie, prêt à se marier. Il rejoint alors d'autres papillons et trouve un partenaire pour s'accoupler. Les papillons de jour se servent de leurs yeux pour se retrouver. Ceux de nuit se parlent avec des odeurs.

Pour manger, cette piéride du chou repère d'abord la fleur avec ses pattes…

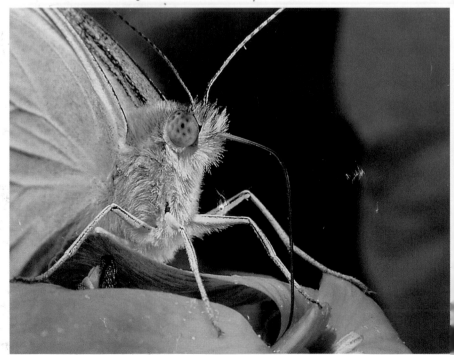

Puis elle déroule sa trompe et aspire le sucre, comme avec une paille. On dit qu'elle butine.

S'ils sont dérangés pendant l'accouplement, les papillons s'envolent, accrochés par la queue.

Cette jolie perle jaune est un œuf de machaon. Il n'est pas plus gros qu'une tête d'épingle.

La petite chenille noire mange la paroi de l'œuf. C'est son premier repas.

Enfin, elle parvient à sortir de l'enveloppe. Ouf !

*Attention aux mésanges bleues, aux araignées et aux lézards ! Ils raffolent de petites chenilles…*

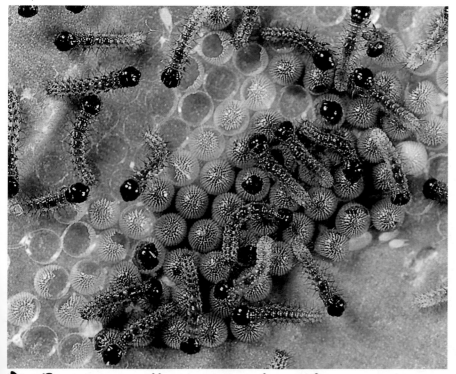

*Certains papillons, comme le machaon, pondent des œufs isolés. D'autres les groupent, comme ici.*

# Voilà les œufs !

Peu après s'être séparé de sa compagne, le mâle meurt, épuisé. Pendant ce temps, la femelle machaon choisit de pondre sur la seule plante que mangeront ses bébés : une ombellifère (carotte sauvage, fenouil…). Puis elle meurt à son tour. Il faudra 10 jours avant qu'une minuscule chenille sorte de chaque œuf. Déjà elles ont faim…

13

# gourmande

La chenille a un gros appétit. Avec ses mâchoires coupantes, elle dévore les feuilles une par une.

La petite chenille orange sort de son ancienne peau, devenue trop étroite. On dit qu'elle mue.

La voilà plus grosse et plus colorée, tout près de son ancienne peau noire : l'exuvie.

La chenille du machaon mue 4 fois en 1 mois, mais ce nombre varie selon les espèces de papillons.

Le fenouil est une grande ombellifère, qui nourrit de nombreuses chenilles de papillons.

Petit à petit, elle grossit, grossit... Bientôt, sa peau devient trop serrée, car elle n'est pas élastique comme la nôtre. Alors, elle en fabrique une nouvelle, plus grande. Elle déchire l'ancienne pour sortir. Puis elle se remet à manger, jusqu'à la prochaine mue.

La chenille du machaon a 6 pattes articulées et 10 fausses pattes qui ne sont que des bourrelets de chair.

Ces fausses pattes se terminent par une ventouse armée d'une couronne de crochets.

C'est bien utile pour se déplacer.

Ces petits trous en forme de grains de café lui permettent de respirer.

Surprise par un ennemi, elle sort sa fourche orange.

Scroutch, scroutch ! La chenille multicolore
dévore les tiges, comme un ogre.

# Grosse chenille

La chenille du machaon
est maintenant bien
grosse. Son corps
mou est divisé en
13 anneaux. Avec ses
10 yeux minuscules
et ses petites antennes,
elle ne voit pas grand-
chose.
Pour saisir les feuilles,
elle utilise ses 6 pattes
griffues et, pour se
déplacer, elle se sert
de ses fausses pattes.
Un fil de soie lui permet
de ne jamais se perdre.

17

# Immobile

Un mois après sa naissance, la chenille est prête pour sa dernière mue. Elle choisit une branche abritée et se transforme en chrysalide.

La chenille commence par se fabriquer une ceinture de soie, pour ne pas basculer.

La chenille du machaon s'accroche la tête en haut, d'autres ont la tête en bas.

La larve reste 2 ou 3 jours immobile puis gonfle et déchire sa dernière peau.

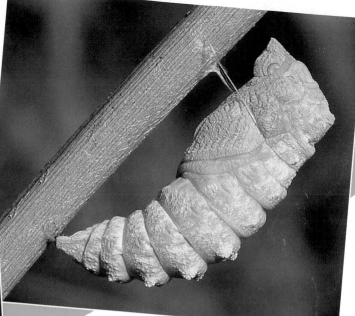

🦋 Voilà la chrysalide :
c'est une larve verte,
tendre et humide.
À l'intérieur, se fabrique
un papillon...
C'est magique !

🦋 Peu après, elle fait glisser
sa peau colorée, comme si elle
se déshabillait. Elle la fait ensuite
tomber, en restant accrochée par
l'extrémité de son corps.

🦋 Les chrysalides
de machaon
sont vertes ou grises,
selon la température
et l'endroit où
elles se trouvent.

19

# Miracle !

Pendant très longtemps, la chrysalide ne bouge plus du tout. On dirait qu'elle est morte, car elle ne mange même pas. Pourtant, elle respire très lentement et vit sur ses réserves...
À l'intérieur, une nouvelle naissance se prépare. Et puis un jour, ô miracle ! un beau papillon tout neuf jaillit de l'enveloppe, qui le retient. Libérant ses ailes encore fripées, il se sèche, puis s'envole...

L'enveloppe de la chrysalide devient transparente. Le futur papillon est prêt à naître...

Vite ! Le papillon sort ses antennes, ses pattes et sa trompe. Il est encore bien fragile.

Pour tendre ses ailes, il avale de l'air et envoie du sang dans les nervures, qui durcissent. Cela prend 10 minutes.

Le machaon, appelé aussi grand porte-queue, est l'un de nos plus grand papillons de jour. Il vit dans les prés et les bois.

# Papillon, vole !

C'est à nouveau le printemps. Sans aucun effort et sans exercice, le papillon s'envole. En visitant les fleurs, il transporte du pollen d'une plante à l'autre. C'est bien utile pour qu'elles se reproduisent. Merci papillon !

Voici sa vraie taille : de 5 à 8 cm.

# VICTIMES DES HOMMES

Partout, les papillons disparaissent. Ils meurent empoisonnés par les insecticides et la pollution et, surtout, parce que l'homme détruit les prés humides et les terrains vagues. Certaines chenilles font des dégâts, mais la plupart des papillons jouent un rôle important dans la reproduction des fleurs.

*Les chenilles des processionnaires du pin font des dégâts dans les forêts.*

## Trop de poisons

Très fragiles, les papillons meurent, empoisonnés par les produits toxiques que l'on utilise pour éliminer les insectes des cultures.
Souvent, ils ne trouvent plus la plante dont ils ont besoin pour pondre.
Ou encore, ils meurent quand l'air est trop pollué. Lorsqu'il n'y a plus de papillons quelque part, c'est que la nature est malade.

## Il faut les aider

En France, 20 espèces de papillons sont protégées. On n'a pas le droit de les capturer au filet, de les élever ou de les tuer. On essaye également de protéger les milieux naturels pour qu'ils accueillent de nombreux animaux et des plantes variées. Toi aussi, tu peux aider les papillons en plantant des buddleias et une prairie fleurie. Laisse aussi quelques orties : elles nourrissent de nombreuses chenilles.

*Les papillons sont attirés par les fleurs parfumées du buddleia.*

## Besoin d'espace

Pour vivre, les papillons ont besoin de milieux variés, de nourriture et de plantes où s'accrocher pour se transformer. Or l'homme prend de plus en plus de place dans la nature : il construit, il aménage les paysages, il assèche les étangs et les prairies humides, il nettoie les bords de route. Mais laisse-t-il assez de place aux autres espèces vivantes ? Cela n'est pas sûr...

*Les insecticides tuent tous les insectes, y compris les papillons.*

25

# MULTIPLES CHENILLES

Le papillon est un insecte du groupe des lépidoptères. On compte plus de 150 000 espèces de papillons dans le monde, dont 5 000 en France, réparties en 80 familles. C'est beaucoup !
Tous sont différents par leurs couleurs, leur forme et leur taille comme leurs chenilles...

La chenille de l'étoilée

La chenille de l'**étoilée** est couverte de longs poils, qui la rendent si légère qu'elle peut être emportée par le vent. C'est bien utile, car sa maman, qui n'a plus d'ailes, pond tous ses œufs au même endroit.

La chenille des géomètres

La chenille des **géomètres** est obligée d'arquer son corps pour avancer, car elle n'a que 2 paires de fausses pattes. Quelle souplesse !

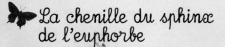 

La chenille du **sphinx de l'euphorbe**
ne mange que cette plante, très toxique.
La chrysalide hiberne dans une cachette
sous la terre et le papillon adulte
ne vole que la nuit.

Les larves des **psychés** se
cachent dans une cabane,
qu'elles fabriquent elles-mêmes,
avec des feuilles, des brindilles,
des cailloux et de la soie.
Une bonne manière
de rester
invisible...

La chenille de la queue fourchue

La chenille de la **queue fourchue**
a vraiment une drôle d'allure.
Ses ennemis ne savent pas où est sa
tête et où est sa queue. C'est une ruse !

# PAPILLONS MULTICOLORES

L'identification des nombreuses espèces de papillons est difficile. Les nocturnes, plus ternes et souvent plus grands, ont des antennes plumeuses. Les papillons de jour, eux, sont colorés et très variés.

▸ *Le sphinx gazé*

Le **sphinx gazé** ressemble à un papillon de nuit, mais il vole le jour ! Pour aspirer le nectar des fleurs, il déroule sa très longue trompe, en volant sur place, comme un colibri.

▸ *Le grand paon de nuit*

Le **grand paon de nuit** est le plus grand de nos papillons. Le soir, on le voit tourner autour des lampadaires, comme une chauve-souris. Il ne se nourrit pas, car il vit sur ses réserves.

▸ *La lichénée jaune*

La **lichénée jaune** est un papillon nocturne, presque invisible sur l'écorce des arbres. Mais, quand il s'envole, on voit sa 2$^e$ paire d'ailes, qui est jaune.